KB203463

기적을 만드는

매일매일

사랑

기적을 만드는
매일매일
사랑

초판 1쇄 인쇄일 2017년 11월 15일
초판 1쇄 발행일 2017년 12월 1일

엮은이 하은
펴낸이 김지영　**펴낸곳** 지브레인^{Gbrain}
편집 김현주
제작 · 관리 김동영　**마케팅** 조명구

출판등록 2001년 7월 3일 제2005-000022호
주소 04021 서울시 마포구 월드컵로7길 88 2층
전화 (02)2648-7224　**팩스** (02)2654-7696

ISBN 978-89-5979-519-2(04230)
　　　　978-89-5979-520-8(SET)

사랑하는

_____ 에게

기 도 제 목

매일매일 사랑에 대한 안내서

　사람을 가장 약하게 하면서도 가장 강하게 하는 감정이 사랑이라고 합니다. 성경은 믿음 소망 사랑 중에 제일은 사랑이라고 했으며 수많은 영화, 노래, 문학 작품들이 사랑을 이야기합니다.

　그중 로버트 스턴버그Robert Sternberg가 제시한 '사랑의 삼각형 이론'을 소개합니다.

　오른쪽 세 가지 요소 중 어느 쪽이 더 많이 발현되느냐에 따라 다양한 사랑의 형태가 나타난다

고 합니다. 친밀감만 있다면 좋아함이 강하고, 열정만 있다면 도취적 사랑에 빠져 있으며, 결심/헌신만 있다면 공허한 사랑이 될 수도 있다고 합니다. 또 친밀감과 열정이 만난 사랑은 낭만적 사랑을, 친밀감과 헌신이 모인 사랑은 우애적 사랑을, 열정과 헌신만 있는 사랑은 얼빠진 사랑이 될 수 있는 만큼 이 세 가지가 유기적으로 살아 움직이는 사랑을 할 때 행복한 사랑이 될 수 있다고 합니다.

　　지금 당신은 어떠한 사랑을 하고 있습니까?

이렇게 써 보세요

하루 한 번의 포옹이 의사보다 낫다 또는 포옹을 나누는 사람이 감기에 걸릴 확률이 그렇지 않은 사람보다 32% 낮다는 등 포옹에 대한 속담이나 조언을 들어보신 적이 있을 것입니다.

사랑하는 사람과 나누는 포옹은 건강과 행복을 약속합니다. 지금부터 당신이 그 행복을 소중한 이에게 전해보세요.

오늘 꼭 해야 할 사랑

오늘 하루는 당신에게 주어진 최고의 하루입니다. 그리고 다시는 돌아오지 않는 하루이기도 합니다. 오늘 꼭 해야 할 사랑에는 당신이 오늘 하루를 지내며 나에게, 누군가에게 주어야 할 사랑을 기록해보세요. 따뜻한 한번의 악수, 한번의 포옹, 미소, 말 한마디에 사랑을 담아 전해보세요. 그리고 그것을 기록해보세요. 이제 매일매일 사랑을 통해 오늘 하루 사랑을 전하고 기록하는 최고의 하루로 만들어보세요. 당신의 삶이 사랑과 따뜻함으로 빛날 것입니다.

소망을 담은 기도

당신의 사랑과 바람, 귀한 마음을 담은 기도를 기록해보세요. 이 기도들이 모이고 쌓여 기적으로 돌아올 것입니다. 당신의 선한 기도가 기적이 되어 돌아오면 그 기도에 기쁨의 다이아몬드나 별, 하트로 표시해두세요. 소망이 쌓인 기도는 인생의 기록이 되어줄 것입니다.

〈매일매일 사랑〉을 다 쓰면 '소망을 담은 기도'를 확인하고 응답받은 기도를 체크해보세요. 당신의 소망이 응답받기를 기도합니다.

사랑은 오래 참고 사랑은 온유하며 시기하지 아니하며 사랑은 자랑하지 아니하며 교만하지 아니하며

무례히 행하지 아니하며 자기의 유익을 구하지 아니하며 성내지 아니하며 악한 것을 생각하지 아니하며

불의를 기뻐하지 아니하며 진리와 함께 기뻐하고

모든 것을 참으며 모든 것을 믿으며 모든 것을 바라며 모든 것을 견디느니라

고린도전서 13:4~7

오늘 꼭 사랑해야 할 것들

소망을 담은 기도

새 계명을 너희에게 주노니
서로 사랑하라
내가 너희를 사랑한 것 같이
너희도 서로 사랑하라

요한복음 13:34

오늘 꼭 사랑해야 할 것들

소망을 담은 기도

인간 관계에서 자신을 높이는

가장 훌륭한 방법은

남을 탓하지 않는 것이다.

또한 자신의 그릇을 크게 하는

가장 훌륭한 방법은

남을 이해하는 것이다.

레프 톨스토이

오늘 꼭 사랑해야 할 것들

소망을 담은 기도

인생에 있어서

최고의 행복은 우리가

사랑받고 있음을 확신하는 것이다.

빅토르 위고

오늘 꼭 사랑해야 할 것들

소망을 담은 기도

참 지식인은

많은 것을 아는 게 아니라

많은 것을 사랑하는 사람이다.

카를 야곱 부르크하르트

오늘 꼭 사랑해야 할 것들

소망을 담은 기도

사랑할 때가 있고

미워할 때가 있으며

전쟁할 때가 있고

평화할 때가 있느니라

전도서 3:8

오늘 꼭 사랑해야 할 것들

소망을 담은 기도

이 우주가

우리에게 준 두 가지 선물,

사랑하는 힘과

질문하는 능력!

메리 올리버

오늘 꼭 사랑해야 할 것들

소망을 담은 기도

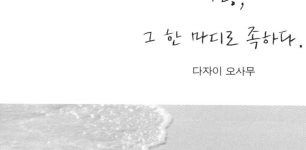

사랑,

그 한 마디로 족하다.

다자이 오사무

오늘 꼭 사랑해야 할 것들

소망을 담은 기도

인간이 오래 사는 것은
행복을 배우기 위해서이다.
오랜 시간 동안
누군가를 사랑하고 아끼고
같이 사는 방법을 배우는 것이다.

어느 소년

오늘 꼭 사랑해야 할 것들

소망을 담은 기도

사랑, 연기, 기침은

감출 수가 없다.

오늘 꼭 사랑해야 할 것들

소망을 담은 기도

허물을 덮어 주는 자는

사랑을 구하는 자요

그것을 거듭 말하는 자는

친한 벗을 이간하는 자니라

잠언 17:9

오늘 꼭 사랑해야 할 것들

소망을 담은 기도

사랑의 적은

무관심이다.

오늘 꼭 사랑해야 할 것들

소망을 담은 기도

사랑과 전쟁에선
모든 게 공정하다.

오늘 꼭 사랑해야 할 것들

소망을 담은 기도

사랑은 무엇보다도
자신을 위한 선물이다.

장 아누이

오늘 꼭 사랑해야 할 것들

소망을 담은 기도

인생의 상대는 돈이 아니라 인간이다.

알렉산드르 푸시킨

오늘 꼭 사랑해야 할 것들

소망을 담은 기도

지혜를 버리지 말라
그가 너를 보호하리라
그를 사랑하라 그가 너를 지키리라

잠언 4:6

오늘 꼭 사랑해야 할 것들

소망을 담은 기도

우리는 오로지 사랑을 함으로써
사랑을 배울 수 있다.

아이리스 머독

오늘 꼭 사랑해야 할 것들

소망을 담은 기도

아버지는 나에게

일을 하라고 가르치셨지만,

그 일을 사랑하라고 가르치지는 않았다.

에이브러햄 링컨

오늘 꼭 사랑해야 할 것들

소망을 담은 기도

주를 찾는 자는 다 주 안에서 즐거워하고 기뻐하게 하시며

주의 구원을 사랑하는 자는 항상 말하기를

여호와는 위대하시다 하게 하소서

시편 40 : 16

오늘 꼭 사랑해야 할 것들

소망을 담은 기도

미숙한 사랑은

'당신이 필요해서 당신을 사랑한다'고 하지만

성숙한 사랑은

'사랑하니까 당신이 필요하다'고 한다.

윈스턴 처칠

오늘 꼭 사랑해야 할 것들

소망을 담은 기도

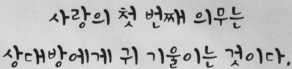

사랑의 첫 번째 의무는
상대방에게 귀 기울이는 것이다.

폴 틸리히

오늘 꼭 사랑해야 할 것들

소망을 담은 기도

미움은 다툼을 일으켜도

사랑은 모든 허물을 가리느니라

잠언 10:12

오늘 꼭 사랑해야 할 것들

소망을 담은 기도

나는 사람들을 사랑한다.

이것이 내 성공의 열쇠였다.

루치아노 파바로티

오늘 꼭 사랑해야 할 것들

소망을 담은 기도

사랑은 자신 이외에

다른 것도 존재한다는 사실을

어렵사리 깨닫는 것이다.

아이리스 머독

오늘 꼭 사랑해야 할 것들

소망을 담은 기도

가난한 이들을 도운 자는

그 이자를 신으로부터 받는다.

오늘 꼭 사랑해야 할 것들

소망을 담은 기도

사랑은
지성에 대한 상상력의 승리다.

헨리 루이스 멩켄

오늘 꼭 사랑해야 할 것들

소망을 담은 기도

다른 사람들을 평가한다면

그들을 사랑할 시간이 없다.

마더 테레사

오늘 꼭 사랑해야 할 것들

소망을 담은 기도

주의 얼굴을 주의 종에게

비추시고 주의 사랑하심으로

나를 구원하소서

시편 31 : 16

오늘 꼭 사랑해야 할 것들

소망을 담은 기도

사랑은 있거나, 없다.
가벼운 사랑은
아예 사랑이 아니다.

토니 모리슨

오늘 꼭 사랑해야 할 것들

소망을 담은 기도

자신을 사랑하는 법을 아는 것이
가장 위대한 사랑이다.

마이클 매서

DATE

오늘 꼭 사랑해야 할 것들

소망을 담은 기도

67

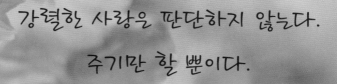

강렬한 사랑은 판단하지 않는다.

주기만 할 뿐이다.

마더 테레사

오늘 꼭 사랑해야 할 것들

소망을 담은 기도

나의 힘이신 여호와여

내가 주를 사랑하나이다

시편 18:1

오늘 꼭 사랑해야 할 것들

소망을 담은 기도

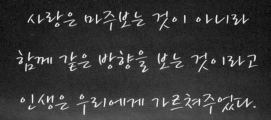

사랑은 마주보는 것이 아니라

함께 같은 방향을 보는 것이라고

인생은 우리에게 가르쳐주었다.

생텍쥐페리

오늘 꼭 사랑해야 할 것들

소망을 담은 기도

질투가 없는 곳엔 사랑도 없다.

오늘 꼭 사랑해야 할 것들

소망을 담은 기도

가장 좋은 친구는

당신이 자신에 대한 사랑을 잊고 있을 때,

당신을 사랑해주는 사람이다,

진실을 사랑하라,

그러나 허물을 용서하라,

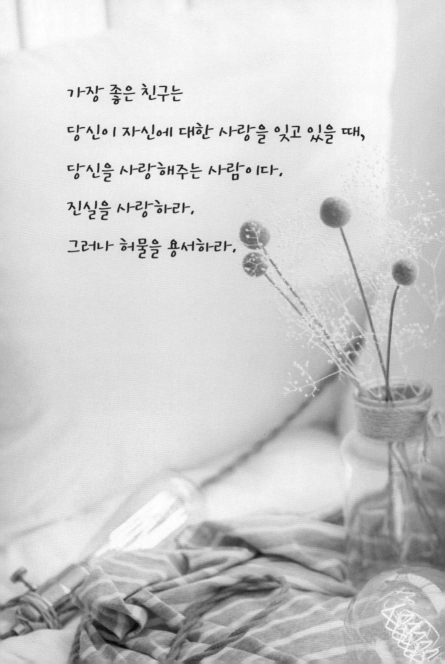

오늘 꼭 사랑해야 할 것들

소망을 담은 기도

한 사람이 다른 사람을 사랑하는 것.
이는 모든 일 중 가장 어려운 일이고,
궁극적인 최후의 시험이자 증명이며,
그 외 모든 일은 이를 위한
준비일 뿐이다.

라이너 마리아 릴케

오늘 꼭 사랑해야 할 것들

소망을 담은 기도

나를 사랑하는 자들이

나의 사랑을 입으며

나를 간절히 찾는 자가

나를 만날 것이니라

잠언 8:17

오늘 꼭 사랑해야 할 것들

소망을 담은 기도

사랑은 결정이 아니다.
사랑은 감정이다.
누구를 사랑할지 결정할 수 있다면
훨씬 더 간단하겠지만
마법처럼 느껴지지는 않을 것이다.

트레이 파커

오늘 꼭 사랑해야 할 것들

소망을 담은 기도

사랑하면서 동시에
현명할 수 있는 사람은 없다.

오늘 꼭 사랑해야 할 것들

소망을 담은 기도

사랑하는 사람에게 할 수 있는
가장 나쁜 일은 바로
그들이 할 수 있고 해야 할 일을
대신해주는 것이다.

에이브러햄 링컨

오늘 꼭 사랑해야 할 것들

소망을 담은 기도

원수를 갚지 말며

동포를 원망하지 말며

네 이웃 사랑하기를

네 자신과 같이 사랑하라

나는 여호와이니라

레위기 19:18

DATE

오늘 꼭 사랑해야 할 것들

소망을 담은 기도

단지 누구를 사랑한다고 해서
무조건 감싸야 한다는 뜻은 아니다.
사랑은 상처를 덮는 붕대가 아니다.

휴 엘리어트

오늘 꼭 사랑해야 할 것들

소망을 담은 기도

함께 있을 때

웃음이 나오지 않는

사람과는 결코

진정한 사랑에 빠질 수 없다.

아그네스 리플라이어

오늘 꼭 사랑해야 할 것들

소망을 담은 기도

우리는 연애하고 있는 동안은

(서로를) 용서한다.

오늘 꼭 사랑해야 할 것들

소망을 담은 기도

피차 사랑의 빚 외에는

아무에게든지

아무 빚도 지지 말라

남을 사랑하는 자는

율법을 다 이루었느니라

로마서 13:8

오늘 꼭 사랑해야 할 것들

소망을 담은 기도

행복한 결혼 생활에서 중요한 것은

서로 얼마나 잘 맞는가 보다

다른 점을 어떻게 극복해나가는가이다.

레프 톨스토이

오늘 꼭 사랑해야 할 것들

소망을 담은 기도

내 희망이 적을수록

내 사랑은 더 뜨겁다,

오늘 꼭 사랑해야 할 것들

소망을 담은 기도

자녀들아

우리가 말과 혀로만 사랑하지 말고

오직 행함과 진실함으로 하자

요한일서 3장 18절

오늘 꼭 사랑해야 할 것들

소망을 담은 기도

이웃을 위해 기도하면

자기를 위한 (누군가의) 기도도 듣게 된다.

탈무드

오늘 꼭 사랑해야 할 것들

소망을 담은 기도

어느 때나

하나님을 본 사람이 없으되

만일 우리가

서로 사랑하면

하나님이 우리 안에 거하시고

그의 사랑이 우리 안에

온전히 이루어지느니라

요한1서 4 : 12

오늘 꼭 사랑해야 할 것들

소망을 담은 기도

사랑은 길을 찾아낸다,

오늘 꼭 사랑해야 할 것들

소망을 담은 기도

과도한 사랑은

인간에게 아무런 명예나 가치도

가져다주지 않는다.

에우리피데스

오늘 꼭 사랑해야 할 것들

소망을 담은 기도

무엇보다도
뜨겁게 서로 사랑할지니
사랑은 허다한 죄를
덮느니라

베드로전서 4:8

오늘 꼭 사랑해야 할 것들

소망을 담은 기도

행운과 사랑은
눈이 멀었다.

오늘 꼭 사랑해야 할 것들

소망을 담은 기도

그대는 인생을 사랑하는가?

그렇다면 시간을 낭비하지 말라,

시간이야말로 인생을 형성하는 재료이기 때문이다.

벤자민 프랭클린

오늘 꼭 사랑해야 할 것들

소망을 담은 기도

내 신체에 감사하는 것이
자신을 더 사랑하는 열쇠임을
비로소 깨달았다.

오프라 윈프리

오늘 꼭 사랑해야 할 것들

소망을 담은 기도

희망만이
인생을 유일하게
사랑하는 것이다.

앙리 프레데릭 아미엘

오늘 꼭 사랑해야 할 것들

소망을 담은 기도

동정은 사랑을 닮았다.

그래서 동정에서 사랑이 시작된다.

오늘 꼭 사랑해야 할 것들

소망을 담은 기도

사랑에는 거짓이 없나니

악을 미워하고 선에 속하라

로마서 12 : 9

오늘 꼭 사랑해야 할 것들

소망을 담은 기도

네 모습 그대로 미움받는 것이

너 아닌 다른 모습으로

사랑받는 것보다 낫다.

앙드레 지드

오늘 꼭 사랑해야 할 것들

소망을 담은 기도

남의 말을 경청하는

사람은 어디서나 사랑받을 뿐 아니라

시간이 흐르면 지식을 얻게 된다.

윌슨 미즈너

오늘 꼭 사랑해야 할 것들

소망을 담은 기도

사랑하는 자들아

하나님이 이같이

우리를 사랑하셨은즉

우리도 서로 사랑하는 것이

마땅하도다

요한1서 4:1

오늘 꼭 사랑해야 할 것들

소망을 담은 기도

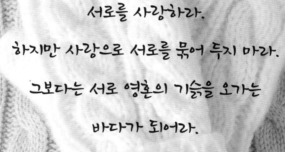

서로를 사랑하라.

하지만 사랑으로 서로를 묶어 두지 마라.

그보다는 서로 영혼의 기슭을 오가는

바다가 되어라.

칼릴 지브란

오늘 꼭 사랑해야 할 것들

소망을 담은 기도

I Love
you

사랑하면
바보가 된다.

오늘 꼭 사랑해야 할 것들

소망을 담은 기도

선물로 친구를 사지 마라.

선물을 주지 않으면

그 친구의 사랑도 끝날 것이다.

토마스 풀러

오늘 꼭 사랑해야 할 것들

소망을 담은 기도

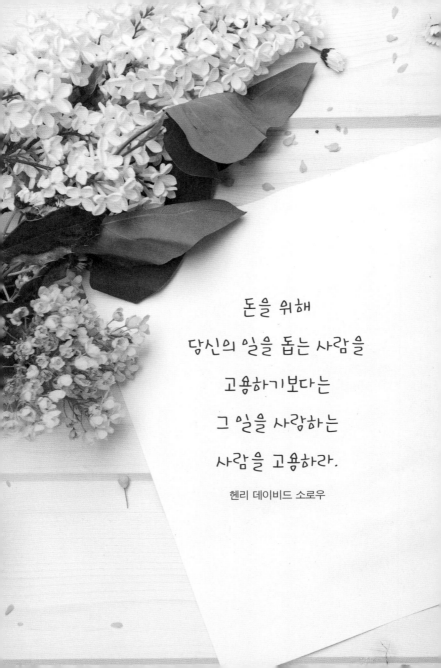

돈을 위해

당신의 일을 돕는 사람을

고용하기보다는

그 일을 사랑하는

사람을 고용하라.

헨리 데이비드 소로우

오늘 꼭 사랑해야 할 것들

소망을 담은 기도

사랑을 하는 사람과

사랑을 받는 사람은

항상 따로 있다.

서머셋 모옴

오늘 꼭 사랑해야 할 것들

소망을 담은 기도

성공적인 결혼은

늘 똑같은 사람과

여러 번 사랑에 빠지는 것을

필요로 한다.

미뇽 머클로플린

오늘 꼭 사랑해야 할 것들

소망을 담은 기도

사랑이 없다면 결혼하지 말라.

다만, 당신이 정말

진정한 사랑을 하고 있는지 살펴보라.

윌리엄 펜

오늘 꼭 사랑해야 할 것들

소망을 담은 기도

그런즉
믿음, 소망, 사랑,
이 세 가지는
항상 있을 것인데
그 중의 제일은
사랑이라

고린도전서 13 : 13

오늘 꼭 사랑해야 할 것들

소망을 담은 기도

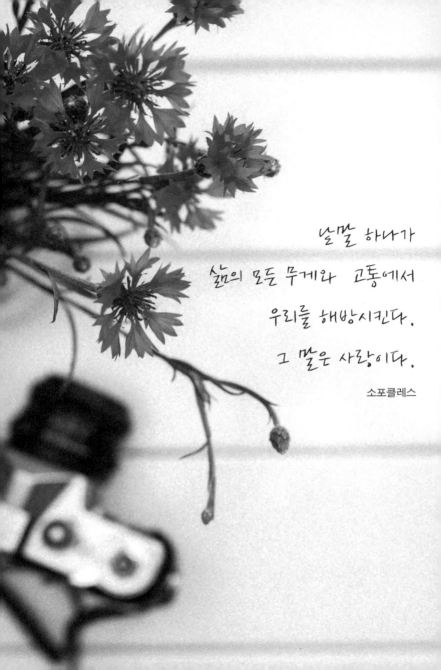

낱말 하나가

삶의 모든 무게와 고통에서

우리를 해방시킨다.

그 말은 사랑이다.

소포클레스

오늘 꼭 사랑해야 할 것들

소망을 담은 기도

사랑이란
세계를 다시 세워 나가는 것.

무라카미 하루키

DATE

오늘 꼭 사랑해야 할 것들

소망을 담은 기도

151

하루하루란 도대체 얼마나 값진 생의 특전인가.
거창하게,
아름답게,
행복하게.

헬렌 니어링

오늘 꼭 사랑해야 할 것들

소망을 담은 기도

사람들은 대부분 사심 없는

일방적인 사랑을 칭찬한다.

그러나 그런 사랑은 일방적인 자선 행위와 같다.

반면에 진정한 사랑은 상호적이다.

폴 투르니에

오늘 꼭 사랑해야 할 것들

소망을 담은 기도

어른이 된다는 건
그 사람의 성격과 취향이 어떠하든
있는 그대로 사랑하게 되는 것이다.

에쿠니 가오리

오늘 꼭 사랑해야 할 것들

소망을 담은 기도

위대한 일을 할 수 있는

유일한 방법은

자신이 하는 일을

사랑하는 것이다.

스티브 잡스

오늘 꼭 사랑해야 할 것들

소망을 담은 기도

싫어하는 것을 이야기하지 말고
좋아하는 것을 화제로 삼아라.

리처드 칼슨

오늘 꼭 사랑해야 할 것들

소망을 담은 기도

하루를 사랑으로 시작하고

하루를 사랑으로 살고

하루를 사랑으로 끝내라.

리처드 칼슨

오늘 꼭 사랑해야 할 것들

소망을 담은 기도

남보다 잘하려고 고민하지 마라.
지금의 나보다 잘하려고
애쓰는 것이 더 중요하다.

윌리엄 포크너

오늘 꼭 사랑해야 할 것들

소망을 담은 기도

말로 하면 잊을 것이다.
보여주면 기억할지도 모른다.
그러나 경험하면 확실히 이해할 것이다.
모든 아름다움에는 사랑이 있다.

플라톤

오늘 꼭 사랑해야 할 것들

소망을 담은 기도

아버지께서

나를 사랑하신 것 같이

나도 너희를 사랑하였으니

나의 사랑 안에 거하라

요한복음 15:9

오늘 꼭 사랑해야 할 것들

소망을 담은 기도

사소한 일이 우리를 위로한다.
사소한 일이 우리를 괴롭히기 때문에.

블레즈 파스칼

오늘 꼭 사랑해야 할 것들

소망을 담은 기도

너는 나의 숲이 되고

나는 너의 숲이 되자.

이탄

오늘 꼭 사랑해야 할 것들

소망을 담은 기도

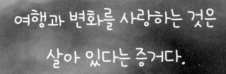

여행과 변화를 사랑하는 것은

살아 있다는 증거다.

리하르트 바그너

오늘 꼭 사랑해야 할 것들

소망을 담은 기도

누군가의 하루를 생애 최고의 날로 만들어주는 건

그리 힘든 일이 아니다.

초대 전화 몇 통, 감사의 쪽지,

몇 마디 칭찬이나 격려만으로 충분하다.

댄 클라크

오늘 꼭 사랑해야 할 것들

소망을 담은 기도

용서는
사랑의 가장
온화한 부분이다.
존 세필드

오늘 꼭 사랑해야 할 것들

소망을 담은 기도

누군가에게 보내는 미소만으로도

베푸는 사람이 될 수 있다.

따뜻한 한 마디,

지지하는 마음 표현 하나로도

고마운 선물이 될 수 있다.

마야 안젤루

오늘 꼭 사랑해야 할 것들

소망을 담은 기도

누군가는 나중에 큰 사랑을 베풀겠다며
지금 사랑을 외면한다.
미래의 사랑이란 없다.
사랑은 늘 현재진행형이므로
지금 사랑을 실천하지 않는 사람은
결국 사랑이 없는 사람이다.

레프 톨스토이

오늘 꼭 사랑해야 할 것들

소망을 담은 기도

나는 너를 있는 그대로 받아들인다.

나는 너의

결함, 실수, 네 삶의 법칙을

함께 받아들인다,

너는 너다.

너는 너이기 때문에

나는 너를 사랑한다.

로맹 롤랑

오늘 꼭 사랑해야 할 것들

소망을 담은 기도

인생은 살 만한 가치가 있다고 믿으면

가치 있는 삶을 살게 된다.

윌리엄 제임스

오늘 꼭 사랑해야 할 것들

소망을 담은 기도

모든 것을 약속하는 사람은

아무것도 지키지 못한다.

칼 융

오늘 꼭 사랑해야 할 것들

소망을 담은 기도

'사랑하다' 라는 말
다음으로 아름다운 말은
'돕다'이다.

베르타 폰 슈트너

DATE

오늘 꼭 사랑해야 할 것들

소망을 담은 기도

사람들은 흔히 자신에 대한 주위의 평가에는

민감하면서도

자신의 진정한 모습과 가치에 대해서는

무관심하다.

미겔 데 세르반테스

오늘 꼭 사랑해야 할 것들

소망을 담은 기도

우리를 사랑하는 사람이
있는 한,
우리는 꼭 필요한 존재다.

로버트 스티븐슨

오늘 꼭 사랑해야 할 것들

소망을 담은 기도

고마움을 통해 인생은 풍요로워진다.

디트리히 본회퍼

오늘 꼭 사랑해야 할 것들

소망을 담은 기도

사랑하는 이들을 위해 할 수 있는 최선은
우리 자신이 행복해지는 것이다.

알랭 바디우

오늘 꼭 사랑해야 할 것들

소망을 담은 기도

우울한 사람은 과거에 살고,

불안한 사람은 미래에 살고,

평안한 사람은 이 순간에 산다.

노자

오늘 꼭 사랑해야 할 것들

소망을 담은 기도

다른 사람이 걸어간 길을 가 보기 전에는

결코 그를 이해할 수 없다.

이드리스 샤흐

오늘 꼭 사랑해야 할 것들

소망을 담은 기도

그대의 일을 사랑하라.

그러나 그대의 업적을 사랑하지는 말라.

블라디미르 마야콥스키

오늘 꼭 사랑해야 할 것들

소망을 담은 기도

행복한 하루하루 없이

행복해진다는 것은

불가능하다.

윌리엄 모리스

오늘 꼭 사랑해야 할 것들

소망을 담은 기도

사랑 안에 두려움이 없고

온전한 사랑이 두려움을 내쫓나니

두려움에는 형벌이 있음이라

두려워하는 자는 사랑 안에서

온전히 이루지 못하였느니라

요한일서 3장 18절

오늘 꼭 사랑해야 할 것들

소망을 담은 기도